조금 천천히 가도 괜찮아

어린이를 위한 가치관 동화_⓭대인 관계

조금 천천히 가도 괜찮아

초판 1쇄 발행 2015년 2월 23일
초판 3쇄 발행 2018년 4월 20일

글 나탈리 페라리
그림 도미니크 졸랭
옮김 이정주

펴낸곳 도서출판 개암나무(주)
펴낸이 김보경
경영지원 총괄 김수현
편집주간 박진영 **편집** 조원선 최유진 **디자인** 김재미
출판등록 2006년 6월 16일 제22-2944호

주소 서울특별시 마포구 독막로 320, 1008호(공덕동, 태영데시앙루브) (우)04157
전화 (02)6254-0601, 6207-0603 **팩스** (02)6254-0602 **E-mail** gaeam@gaeamnamu.co.kr
개암나무 블로그 http://blog.naver.com/gaeamnamu 개암나무 카페 http://cafe.naver.com/gaeam

Marie Solitude
written by Nathalie Ferraris and illustrated by Dominique Jolin
Copyright © Soulieres Editeur, Quéec, 2005
Korean Translation Copyright © GaeAmNaMu Co., 2015
All rights reserved.
This Korean edition was published by arrangement with
Soulieres Editeur(Quéec) through Bestun Korea Agency Co., Seoul.

이 책의 한국어판 저작권은 베스툰 코리아 에이전시를 통해 저작권자와의 독점 계약으로 ㈜개암나무에 있습니다.
저작권법에 의해 한국 내에서 보호를 받는 저작물이므로 무단전재와 무단복제를 금합니다.

ISBN 978-89-6830-145-2 74800
ISBN 978-89-6830-012-7(세트)

이 도서의 국립중앙도서관 출판시도서목록(CIP)은 서지정보유통지원시스템 홈페이지(http://seoji.nl.go.kr)와
국가자료공동목록시스템(http://www.nl.go.kr/kolisnet)에서 이용하실 수 있습니다.
(CIP제어번호: CIP2015002842)

품명 아동 도서 | **제조년월** 2018년 4월 20일 | **사용연령** 7세 이상
제조자명 (주)개암나무 | **제조국명** 대한민국 | **전화번호** 02-6254-0601
주소 서울시 마포구 독막로 320, 1008호(도화동, 태영데시앙루브)

어린이를 위한 가치관 동화_⑬ 대인 관계

조금 천천히 가도 괜찮아

나탈리 페라리 글
도미니크 졸랭 그림
이정주 옮김

개암나무

나의 첫 번째 고양이, 미네트에게
그리고 그 뒤를 이었던 모든 고양이들에게

1 나는 혼자가 좋아

내 이름은 마리, 나는 혼자예요.

아, 그렇다고 엄마 아빠가 없다는 얘기는 아니에요. 나도 다른 아이들처럼 엄마 아빠가 있어요. 언니나 오빠, 동생이 없다는 뜻이에요. 그리고 사실…… 친구도 없어요.

엄마 아빠는 내게 친구가 없어서 걱정이 많아요.

"우리 딸은 왜 친구가 없을까?"

"친구가 없으면 심심하지 않니?"

"새 친구를 사귀어 보렴."

"언제쯤 네 친구들을 소개해 줄 거야?"
엄마 아빠의 말에 내 대답은 늘 똑같아요.
"친구가 없어도 심심하지 않아요."

난 장난감이 가득한 내 방에 혼자 있는 게 좋아요.

텔레비전도 혼자 보는 게 좋고요.

공원도 혼자 걷는 게 좋아요.

혼자서 이런저런 상상을 할 수 있으니까요.

아이들과 있으면 이야기도 해야 하고, 듣기도 해야 하는데, 난 그러기가 싫어요. 새소리도 들을 수 없고 상상을 즐기기도 어렵잖아요. 마치 아이들에게 내 자리를 빼앗긴 기분이에요. 자유롭지 못하니까요. 내가 내 자신이 아닌 것 같단 말이에요.

예의 바른 아이처럼 미소 짓거나 관심 없는 이야기에 귀 기울이고 싶지 않아요. 다른 사람에게 내 생각을 말하고 싶지도 않고요. 어쩔 수 없이 그래야 할 때면 꼭 가면을 쓴 것 같아요.

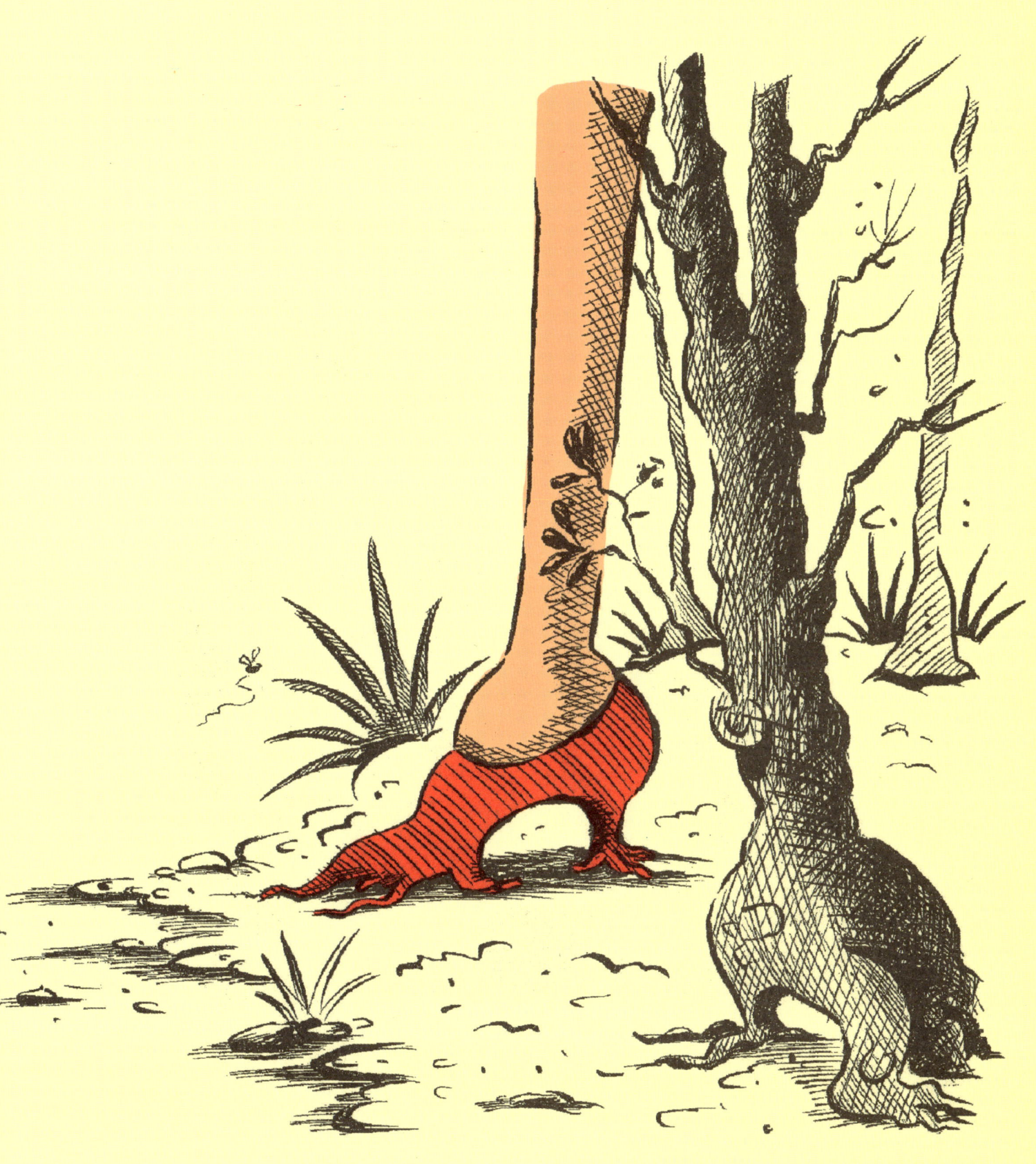

나는 방해받지 않고 주변을 관찰하고 싶어요. 혼자서 상상의 나래를 펼치고 싶어요. 그래서 침묵이 좋아요. 평화로워지니까요. 어른들이랑 있는 건 괜찮아요. 어른들은 나한테 말을 많이 걸지 않거든요. 어른들이랑 있을 땐 마음껏 상상할 수 있어요.

난 혼자 있는 게 좋아요.

생일잔치를 열었어요

 엄마는 이대로 두고 볼 수 없다며 나를 '사회화'시킬 수 있는 방법을 찾았어요. '사회화'는 엄마의 표현으로, 내가 다른 아이들과 친해지는 것을 뜻해요.
 엄마는 내가 엄마랑 아빠처럼 친구가 많았으면 좋겠대요. 그래서 반 아이들을 집으로 초대해 같이 놀기도 하고, 함께 어울려 영화관에도 가기를 바라요. 학교에서 돌아오면 이웃집 아이들하고도 놀았으면 하지요.
 내 생일이 다가오자, 엄마는 생일잔치를 열어야겠다고 했어요. 우리 반 아이들에게 돌릴 초대장까지 직접 만들었어요.

　우리 반은 남자애 일곱 명, 여자애 열한 명이에요. 나까지 합해 모두 열아홉 명이나 되는 애들이 쪼끄만 우리 집에 모인다니 말도 안 돼요!
　"엄마! 난 우리 반 애들이랑 생일잔치를 하고 싶지 않아요."
　"두고 봐. 너도 아주아주 좋아할 거야!"

아주아주 좋아할 거라고요? 난 초대장부터 아주아주 맘에 들지 않았지만 엄마를 속상하게 하고 싶지 않았어요.

아니나 다를까, 초대장을 받은 아이들은 모두 다 날 외계인 보듯이 쳐다봤어요!

"이것 좀 봐. 마리가 생일잔치를 한대!"

"평소에 우리랑 말 한마디도 안 하는 애가 우리를 초대한다고?"

"진짜 이상해."

"그래, 이상해!"

"참 웃기는 애야!"

"정말!"

"맞아!"

이런 말이 나올 줄 알았어요.

제발 엄마가 생일잔치를 안 했으면 좋겠는데…….

결국 그날이 오고 말았어요.

성대한 생일잔치에는…… 고작 네 명이 왔어요.

그러니까 초대장을 받은 아이들 중에서 겨우 네 명만 나의 여덟 번째 생일을 축하해 주러 왔다고요. 아이, 창피해!

첫 번째 친구는 퍼즐을, 두 번째 친구는 책을, 세 번째 친구는 팔찌를, 마지막 친구는 초콜릿을 생일 선물로 주었어요.

"안녕!", "잘 가!", "고마워!"

나는 이 세 마디 외에는 아무 말도 안 했어요. 대신 엄마가 호들갑스럽게 게임을 진행하고 대화를 이끌었지요.

"줄리엣, 오늘 학교에서 어땠니?"

"앙투안, 넌 바이올린을 배우는 거니?"

"알렉상드르, 네 부모님이 그러던데 이번 여름에 미국으로 여행 다녀왔다며? 재미있었니?"

"니콜라, 네 동생은 잘 있니? 걔는 몇 살이니?"

엄마는 피자도 아주 많이 시키고, 케이크도 어마어마하게 큰 걸로 샀어요. 그걸 다 먹으려니 지원군이 필요했지요. 결국 이모들이랑 고모들, 이웃 아줌마까지 불려 왔답니다.

정말 최악의 생일잔치였어요! 나는 엄마 아빠하고만 생일잔치를 하는 게 훨씬 좋아요. 그러면 선물을 풀어 본 다음, 내 방에서 혼자 놀 수 있으니까요. 말해라, 웃어라, 들어라, 이거 해라, 저거 해라 시키는 사람도 없을 테고요.

피겨 스케이팅 교실에 갔어요

생일잔치가 실패하자, 엄마는 또 다른 방법을 찾았어요. 또래 아이들이 다니는 피겨 스케이팅 교실에 등록한 거예요.

피겨 스케이팅이라니!

"저번에 텔레비전에서 피겨 스케이팅 선수를 보고 예쁘댔잖아!"

아빠가 부추기자 엄마가 덧붙였어요.

"그래, 너도 나중에 저 선수들처럼 잘 타고 싶다고 그랬잖아!"

내가 그런 말을 했다고요? 내가요?

난 말문이 막혔어요!

엄마가 별것도 아닌 말을 기억하는 바람에 난 스케이트장까지 오고야 말았어요! 한 번도 스케이트를 타 본 적이 없는데 말이에요!

"스케이트는 금방 배울 수 있어. 친구도 많이 사귈 수 있고!"

엄마는 신이 났어요.

뭐라고요? 친구를 사귀어요?

엄마는 그러리라 굳게 믿고 있지만 여기서도 친구를 사귈 수는 없을 거예요. 강습 선생님이 반을 정하기 전에 한번 타 보라고 했을 때 팔을 휘적거리며 펭귄처럼 걸었거든요!

펭귄은 어느 반에 가는지 아세요? 바로 초급반이에요.

초급반은 또 어떤 반인 줄 아세요?

자, 보세요. **꼬맹이 반이에요.**
이런 조무래기들이랑 뒤뚱거리며 타야 하다니.
이건 피겨 스케이팅도 아니에요!

미술 학원에 갔어요

스케이트도 별 효과가 없자 엄마, 아빠는 또 다른 것을 알아봤어요.

"운동은 어떨까?"

"마리는 운동을 좋아하지 않아."

아빠 말이 맞아요!

"걸 스카우트는?"

"그거 괜찮네. 스카우트 활동이 좋겠어. 체력 단련도 되고 말이야. 나도 어릴 적에 해 봐서 알지."

걸 스카우트? 스카우트 활동? 나는 사전을 찾아보고서야 걸 스카우트와 보이 스카우트가 뭔지 알았어요. 평소 유니폼을 입고 목에는 스카프를 두르고 다니고, 여름에는 캠핑을 떠나는 단체예요.

도착해서 텐트를 치고, 간이 화장실을 만들어요. 게임도 하고, 밤에는 모닥불 앞에 둘러서서 노래도 부르지요.

때때로 상점가에서 초콜릿을 팔기도 한대요. 집집마다 찾아다니면서 과일 케이크를 팔기도 하고요. 나도 본 적이 있어요! 그런데 난 걸 스카우트가 되고 싶은 생각이 전혀 없어요.

"정신과 의사에게 가 봐야 하나? 마리 나이에 친구가 없는 건 정상이 아니잖아."

"여보, 난 우리 마리가 비정상이라고 생각하지 않아. 병원을 찾기 전에 다른 방법을 생각해 보자고."

아빠가 엄마를 말려 줘서 얼마나 다행인지 몰라요! 정신과 의사라니! 정신과는 마음에 문제가 생겼을 때 찾아가는 곳이에요. 우리 이모도 상담을 받은 적이 있어요. 하지만 난 아무 문제 없어요! 정신과에 갈 필요가 없다고요!

"그러면 미술을 가르쳐 볼까? 마리가 예술가 기질이 있잖아. 책도 좋아하고, 상상하는 것도 좋아하고 말이야. 영화도 좋아하고, 유명한 그림도 좋아하니까."

"아, 그래! 그거 진짜 좋은 생각이야!"

네, 뭐…… 그리 나쁘지는 않아요. 그림을 좋아하긴 하니까요. 영화도, 책도, 상상하는 것도 좋아하고요. 그래요, 미술은 괜찮겠어요!

처음에는 진짜로 괜찮을 줄 알았어요. 하지만 엄마 아빠가 열다섯 명이나 되는 아이들 속에 날 버려두고 가자 이건 아니라는 생각이 들었어요. 그림을 그리려면 집중을 해야 해요. 방해를 받으면 아무리 좋은 붓과 색연필, 종이와 화판이 있어도 집중할 수 없다고요.

미술 선생님은 아이들 앞에서 내 이름을 물었어요.

"이름이 뭐니?"

"마리예요."

대답을 하자 선생님은 곧바로 어느 학교에 다니는지 물었어요. 이어서 질문이 쉴 새 없이 쏟아졌어요.

어디에 사는지, 형제자매는 있는지, 학교 다니는 건 재미있는지, 그림은 자주 그리는지, 무슨 색을 좋아하는지, 어쩌고저쩌고, 이러쿵저러쿵…….

나는 멍해졌어요.

선생님은 그림을 다 그리면 친구들 앞에서 자기가 그린 그림을 설명해야 한다고 했어요. 또 어떤 활동은 둘씩 짝지어서 해야 한다고 했지요. 그림 그리는 동안에는 선생님이 다니면서 고칠 부분을 지적해 준다고도 했어요.

하지만 나는 수다쟁이 선생님 때문에 도무지 집중할 수가 없었어요!

엄마 아빠는 드디어 나한테 딱 맞는 걸 찾았다고 흐뭇해하면서 날 데리러 왔어요. 하지만 난 엄마 아빠를 보자마자 왕왕 울어 댔어요.

"그래, 알았어. 정 하기 싫으면 안 해도 돼."

고양이를 만났어요!

미술 학원도 실패로 돌아가자, 엄마 아빠는 날 가만히 내버려 두기로 했어요. 이제야 엄마 아빠가 날 이해하기 시작했나 봐요! 내가 혼자 있는 걸 좋아하고, 엄마 아빠처럼 친구가 많을 필요도 없다는 사실을 드디어 깨달은 것 같아요.

적어도 난 그렇게 생각했어요. 그런데 엄마 아빠가 느닷없이 내가 아주 좋아할 만한 걸 떠올렸다고 했어요!

"생일잔치나 스케이트, 그림 배우기 같은 거라면 됐어요!"

나는 시큰둥한 목소리로 대답했어요.

"그런 거 아니야. 걱정 마! 자, 우선 차에 타렴!"

엄마는 날 안심시켰어요.

나는 우리가 어디로 가는지 몰랐어요. 가는 길도 낯설었어요. 아빠도 주차할 곳을 찾느라 헤맸지요. 다행히 주차할 곳을 찾아, 우리는 차에서 내렸어요.

"자, 여기다!"

아빠가 말했어요.

모르는 건물 앞이에요. 간판에는 '동물보호협회'라고 적혀 있었어요.

"여기가 뭐하는 데예요?"

내가 어리둥절해서 물었어요.

"네 친구가 있는 곳이지!"

엄마는 빙그레 웃으며 대답했어요.

"친구요?"

"그래, 네 친구가 될 고양이를 찾아 봐."

아빠가 말했어요.

"고양이요? 고양이라고요? 진짜, 진짜 고양이요?"

"그래."

아빠는 싱긋 웃었어요.

"와!"

난 눈물이 그렁그렁해져서 엄마 아빠를 얼싸안았어요.

고양이라니, 정말 기뻤어요! 통통하고 귀여운 고양이 한 마리를 갖는 게 소원이었거든요!

방에 들어서니 고양이 우리가 양쪽에 쭉 늘어서 있었어요.

고양이들은 자기를 데려가 달라는 듯 간절한 눈빛으로 나를

바라보았어요. 어떤 고양이를 골라야 하나? 너무 많은데……

"다 키우면 안 돼요? 그러면 엄마 아빠 소원대로 친구가 많아질 텐데."

"마리, 그건 안 돼. 딱 한 마리만 골라!"

흠! 줄무늬가 있는 예쁜 고양이가 눈에 띄었어요. 아기 고양이예요. 계속 내 손가락에 장난을 쳐요! 덩치가 크고 까만 수고양이도 있어요. 눈부시게 하얗고 멋진 고양이도 있고요. 잠시도 가만히 있지 못하는 장난꾸러기 아기 고양이도 두 마리나 있어요.

순간, 구석에 혼자 웅크리고 있는 불그스름한 고양이가 눈에 들어왔어요. 겁먹은 것 같았어요. 나는 관리인 아저씨한테 이 고양이의 나이를 물었어요.

"한 살 된 암고양이야. 좀 겁쟁이지. 시끄러운 것도 싫어하고, 사람도 좋아하지 않아."

와, 꼭 나 같아요!

"저 고양이로 할래요!"

"저기 개구쟁이 아기 고양이 말고?"

"전 이 고양이가 좋아요. 이름은 '미네트'라고 할래요. 마리와 미네트. 예쁘죠?"

관리인 아저씨는 고양이를 꺼내 내 팔에 안겨 줬어요. 고양이는 무서운지 바들바들 떨었어요.

"미네트, 내가 이 시끄러운 우리에서 멀리 데려가 줄게. 내 방은 아주 조용해. 네가 원하는 곳에서 재워 줄게. 사랑스러운 미네트야……."

나는 날아갈 듯이 기뻤어요!

"엄마 아빠! 정말 최고의 선물이에요!"

함께 있는 것도 좋아

미네트가 우리 집에 오면서 내 생활이 많이 바뀌었어요.

첫 번째는 엄마 아빠가 날 '사회화'시키려고 더는 애쓰지 않는다는 거예요. 학원에 등록시키려고 하지도 않고, 반 친구들에게 초대장을 나눠 주라고 재촉하지도 않아요. 가족끼리 영화를 보러 갈 때 요란하게 동네 아이들까지 부르지 않고요.

엄마 아빠는 이제야 내가 다른 아이들과 다르고, 심지어 엄마 아빠와도 다르며, 혼자 있을 때 행복해한다는 사실을 받아들인 것 같아요.

사실 난 미네트랑 지내면서 말이 좀 많아졌어요. 왜냐하면 고양이와 사람은 서로 맘이 통하거든요. 진짜예요!

"미네트, 배고프니?"

이렇게 물으면, 미네트가 "야옹!" 하고 대답해요.

"미네트, 우리 잘까?" 하고 물으면, 하품하듯이 "야아아아아 아옹!" 하고 대답하고요.

"미네트, 우리 놀러 갈까?"

이렇게 물으면 신이 나서 "야옹, 야옹, 야옹! 야옹, 야옹, 야옹!" 하고 좋아해요.

엄마 아빠는 내가 전보다 말수가 늘었다고 좋아했어요.

동물이랑 얘기하는 거라도 말이에요.

엄마는 이모들과 전화하면서 미네트를 키우길 잘했다고 말했어요.

"애가 말이 많아졌어. 게다가 학교에서 친구도 생겼어!"

네, 맞아요! 학교에서 친구를 한 명 사귀었어요.

나보다 두 살 많은 오빠인데, 우리 옆집에 살아요.

이름은 에티엔이고요.

우린 둘 다 고양이를 기른답니다!